Fred Schywek

Weiße Mühle

Herstellung und Verlag:
BoD – Books on Demand
ISBN 978-3-8482-1127-2

FRED SCHYWEK
Weiße Mühle

Gedichte

world internet books
Duisburg am Rhein 2012

FRED SCHYWEK
Weiße Mühle
Gedichte

Inhalt

Zeitraum Ja der Vogel

Hirnräume auf dem Weg

Lausche der Sprache

Zeitraum Ja der Vogel

Grüne Sonne, einsame Kerzen

Grüne Lippen,
  Körper allein in Häusern
Sie warten, viele gehen freiwillig
Du allein mit deinem
einsamen Körper,
schwarz wie schwarze Erde
in der vergangenen Phase
im Wald der Heiligen

bis ich ihn hörte
einfach nur hörte
in dieser Ebene
sehen wir Hier
er hört zu das Warten
wechselt mit den
Himmeln die dich
hier sein lassen
wieder einsame Kerzen
Lust um Sieben

Kalte Nachtlinie

wir sind wieder wer
mit silbern Lauf
Sieh es kommen
kommen mit dem Sturm
die nächsten nächsten schönen Noten
das Geweih der neuen Zeit
mit komponiert im Vogelsang
auf silberner Platte
auf Obertönen Lauf
mit dem Ticken der Hinteruhr
mit einem Einbruch ins Gefüge
von Tick und Tack
von Auf und Ab
das Anspringen der Maschinerie
von Röhren von dunkelroten Röhren
die knacken diese Zeit voran
mit schönen Noten
auf den Wellen
mit den Kämmen die streichen
vorbei wie alte Katzen
nach dem Beutezug der pfeift
kalt und konkret und brummend dann summend
wir sind wieder wer

Lichtung
(120 Millionen Jahre Glück)

Das sind nur Schau
Spieler mit offenen Augen
Liebes das sind Tannen
Nadeln auch nicht dein Rot
aus deinem Herzen
der Duft von Nadeln
von Zapfen
von Sonne
auf der Haut
dort schuf Gott einen Garten
mit verblassten Sternen von gestern
zwei Satellitenfilme sind ausgerüstet mit Bildern
für Experimente mit dem tatsächlichen Leben & seinen Grenzen

Vergiß sie nie die Melodie

Liebe braucht keine Worte in der Nacht
Logik des Lebens wie sie erwacht
hinter Sternen Staub den Worten von gestern
dein Auf Wiedersehen war so wunderwunderschön
hast du je die Texte verstanden auf dem Fleisch
das letzte der Lieder an denen wir die Abende verbrachten
Bedeutungen wahr was ist jetzt mit der blauen Nacht

Sie hören die Lieder der südlichen Länder
wo es zu spät ist wo man durch den Regen eilt
und Hand in Hand im Regenbogenland von Morgen
Geschichten für Kinder schreibt über Moloche
des einen und des anderen Tages heidihoh
Alle singen dieses Alles dies Allezusammen das nie zu Ende geht

Liebe braucht Worte
am Gefeierten Tag wenn Pulver brennt
ist das sicher
ist das klar
hier kommt der Song

Insel aus Glas

Eine Insel von feinem Glas
sage bevor du es hörst

Wilde Tauben flogen herbei
und gaben dir Worte
als wir die Flamme betraten
ich gehe in Flammen
auf dir wächst
wie ich sehe
die Pracht und eine Mundharmonika
singt von einer Frau
aus frühen Tagen
die Tauben sahen dir zu
mit ihren weißen Krägen

Auf blauen Fenstern vor den Sternen
an der Hauptstraße schwingt es hinunter
und sie sah jung und süß aus
und ihr Schoß ist erwacht
als sie einfuhr ins Leben nach und nach
kehrt Blut ins Glas
wie ein erneutes und perfektes Wunderspiel
kamen die Männer zurück
in die Inselstadt der guten Freunde

Blitz mal Kunst kurz

Weil Liebe ein Engel
weil der Himmel sein eigenes Universum
so tanzen wir mit Schritten
auf der Linie ohne eine Wiederkehr

breite die Arme und öffne die Schuhe
weil wir leben
weil wir komisch

so die Seele lebt noch einmal
alles durch

an der Nebelwand
als der Fluß da unten
zu uns sprach

am Rande von der Nacht
gabst du mir ein Lächeln
mit den Wellen
mir die Flöte an der Brücke

Hirnräume auf dem Weg

Johanna der Sonnenblumen

Sie steht stolz und allein
leichter Wind elektrisch geladen

läßt denken an Verantwortung
tausend und das eine Wort
das fehlt für die Strahlung

aus der Mitte ihres Herzens
sie schmettert ihr Lied

so allein ihr Wort
so strahlt der Moment

Schrei der Sirene
(Tränen einer toten Frau)

Es hörte sich an wie gestern
Jenseits dieser Töne
sind die Tränen einer toten Frau

Sie lacht in die Himmel
sagt jetzt nichts mehr

du hast die Sicht der Liebe
auf diesem Weg Amazing Grace

der Schritt der länger ist als sonst
mit diesem Flackern von der Sonne

in Momenten schwarzer Tränen
in Sekunden tiefer Trauer

Dort wo Wasser aus dem Berge springt
dort ist das Domizil der alten Bilder

ganz gleich was sie noch sagen
du sanfte Frau
    aus dem Grünen
des grünen Tales Sängerin

Elf Momente
(Eine Art Polaroid)

Ich lief an den Bäumen
Licht morst was
Worte sind Schall
das ist so traurig
ich habe meinen Schmerz
im Mond im Schrei auf Straßen
dieses Waldes
diese Musik des Sagens des Verlassen Habens Superschön
und Wiedersehen zwischen Blüten treibend
auf Tinten Seen
Winter weiden Klage Sang

Hochsommer
(ein Tag)

Siehst du diese Welt
　　　　　bring sie mir zurück nach Hause
in meine reine Romantik in die Summe deiner Ungedulden

Wilde Blume

Muscheln und Federn aus dem Licht gesprungen
       Meine Bilder aus der Urnacht
       die du gesendet aus dem Äther Strom zu mir
       dein Sommersonnenschein beißt sich in die Haut
       weiße Pferde trinken Alkohol am Bachesrand
elektrisch schwer das Rauschen klingt in dieser Stimme von des Gottes Ohr
gehört und gut befunden in der Sonne auf der Wiese am Bachesrand
in feuchter duftend Erde rot von Rosen Blüten
Siehst du diese Welt
bring sie mir zurück nach Hause ... Klatschen sie einfach
          in die Hände …
          nur hören
          fragte der Meister den Schüler

        nach dem Rauschen
      des Gebirgsbaches
     träumst eine Träne im Gewitter

Windturm

der bemannten Bombe
Überleben sein wie
Blitz in Erde
Psyche
allen voran
im finish macht sie ihr Lot zunichte nach
Sekunden Zeit im Ziel
um die Ehre es war stark
es war dieser Sommer mit jedem Tag
Gewitter dunkelschwarzem Fleck
Windes Schatten Flucht
nach vorn zwei Runden wechseln die Gesichter
in einundreißig Sekunden Zeit beim letzten Nachtes Wechsel

Selbstportrait

Ich der den Nachgeschmack
von loser Lippe
habe geprüft, Träume von früher

heute morgen
sprach ich mit meinem Spiegel
Stück von Glas saug die Seele in sich selbst und den Geist
den Tag gerettet
der Welt ein Bild geschenkt
auf Flügen in Lüfte die Beine auf Boden und Bach
der Strom kam zurück
dieser Regen gefährlich für die Haut
diese Sonne sei sie schwarz
ist gesprungen in zwei Beinen aufs Plateau
so faul so schimmelgrün
dein Grinsen

In meinem Herzen
(für das Mädchen da draußen)

Wie Hunde rufen sie
zum Weihnachtsgottesdienst
Glocken mit ewigem Klang
sagen deinen Namen
in die Luft

fröhlich klagen
sie heute über Telefon

Gedanken an die Liebe
zur Königin der Herzen
mit Wärme von Kerzen
Schein und Gitarren
Akustik ganz allein
für dich

Lächeln

Die Lichter flickerten
im Winde die Steine
sagten daß sie geboren

in einer Erinnerung
von unserem Gespräch
am Rhein freier Wille

nehme dein Motorboot
und fahre im Wind.
Und küsse sie aufs Ohr

Sternenstadt
Die Sonne sagte es mir in der Nacht

Brandmeldung

Es ist die unendliche Trauer
die Gewissheit des Sommers
von seinem Ende im leichten
Nieselregen es ist dieser weite Blick
die Reisen durch Wald und feuchte Mauer
mit Freunden die tot
und erscheinen vor blasser Sonne
dazu Saiten in der Sonnenstimmung

Du hast diese Freude
wenn ich in deine lieblichen Augen schaue
bei griechischem Wein
alles hast du mein Babi
nimm es und du, du, du, du, di, du
es weiß wie du fühlst
wie ich ich brauche
dich mehr als den Horizont

Das Dreieck löst sich auf
in Wohlgefallen in der Kunst
auf Schienen hin zum Himmel
saftig blau wie deine Weiblichkeit
wie Engel die nur einmal kommen
aus Elysium und den weißen Fenstern

Schädelklänge, Setgefühl

Blütenpollensphärenätherdiamantenwurf am Rhein
mal sehen wo das Flugzeug vorbeizieht nur
erinnerst du die glücklichen Tage
nur
da ist nur traur
nur gitarrensoli in der republik
maître sprach design
grotesk und frei zugleich
lebten die Statuen weiter ochhoch mehr romantisch
in der Hose als zusammen nach der guten Formel
lcht LICHT
eine Frau die Mann im osten am anderen ende
mal trinken wummern haltn
der appa rat reißt hoch
bitte Bittn.

Kristallpalast

Gerade durch den Tanz
in einen leeren Raum

Wenn du meine Liebe zitterst
in den Gegenwolken in roten
Mondesscheiben ernst und erster
Tau dir fast die Stimme bricht

Sprichst du die böse Zauberin
versteckt in Geigenstrichen
berührst du fast den jungen Mann
der Dichter werden will

Gerade noch auf einer Blüte
jetzt auch in den Räuchen
dieser Heiligen Johanna mit dem Schwert

Wieder Fieber Wunder Punkt
ebenfalls heft'ges Wetter
auf den Leuchten noch einmal

ein A ein E
ein glänzendes Karree

Wandern in der Sonne von Kyoto

wandernd in der Sonne Kyotos
baue Schiffe in den Himmel
als all die Schulkinder herumfliegen
als verrückte Bälle
so sie singen als sie dich erblicken

Wandern in der Sonne von Kyoto
als die Berge in die Stadt herunterrutschen
während Kinder auf mich lächeln
in der Sonne von Kyoto

Wander ich hinein in die Sonne von Kyoto
als dein Schatten auch mein Herz berührt
und die Vögel singen
und die Höllenkräfte schwingen
in der Sonne von Kyoto

Die Welt des Wald
(Protest und Prozeß)

Das sind nur Schau
spieler mit offenen Augen
Liebes das sind Tannen
Nadeln auch nicht dein Rot
aus deinem Hirn
      der Duft von Nadeln
      von Zapfen
      von Sonne
        auf der
          Haut

In der Mitte eines Traumes
auf der Lichtung trafen
wir uns wieder
ganz nah an
den Düften
bei den Bienen beim Schmetterling
der Honig schlürfte
für unsere Kaskaden für den Blick
der singenden Kinder

für hundert Lieder
auf der Wiese danke
an der Ecke zu den Bergen
Souvenir aus Kindertagen
dieser Insel in dem Wald
mein Moped steht am Baum
du auch im blauen Sommerkleid
mit Blumen aus der Energie
Hallo ist da jemand außer uns
da draußen auf der Wiese
sprechen wir über den Tod
über die Kinder
des letzten Jahres
die die Wiese queren

Rückkoppelung machen
Späße sind nah
wir zwei in der Nacht
auf der Wiese
weinen über den vergangenen Moment
am Fluß der Lieder
der Blätter des Herbstes
die Bäume still im stillen Gebet
an ihre Sonne
geöffnet ihre Arme
und du am Baum

Das leichte Wiegen meiner Lippen
an den Bergen deiner Brust
das Blut an deinen Beinen
die Maske in der Lust

hör auf Geliebte so hör
doch auf zu weinen
denn diese Liebe wird
sie ewig sein
auf Dotterblumen Bett

Ich denke
ich denke oft an dich
auf dieser Lichtung
dieses großen Sommerabends
unserer Jugend auf dem Land
als du mich fraßt
wir explodierten auf der Wiese
mit dem Himmelsblick
so denke ich

das Blut ist warm
so wie das Gras
auf deinen Brüsten
und die Versprechung
unsrer Liebe
und dem Schrei
in diesem Blumenfeld
im Wald im Strahl
gesiebt durch Äste
dieser Bäume
geliebt und Ewigkeiten
Schleier hinten von den großen Städten
in den Köpfen
an den Baum gelehnt

Sonnenmeere
(was eigentlich geschah)

vergangen ist vergangen
und wenn es ohne Absicht
ist es verflogen
in dieser Stunde

Neue Zeiten

Die Sonne hat mir ein Lied erzählt
zwischen all die Schwingung durch

was hoch das ist jetzt Grund
das Gestern führen wir in unsrem Mund

all die Zeit in deren Blüten langsam Leben
wie mir deine Augen lehrten

zu schweifen im Land
willkommen bei guter Nachricht

geduldig bleiben in der Schöpfung
dieser Mysterien Macht

gelungen ist es dieser Abgang
aus dem Himmelblau des Vermissens Nacht

ätherisch seis oder feucht die Erde
die Fähre legt sie ab ihr Leid

die Sonne hat mir ein Lied erzählt
aus fernen Landen im Gehirn

von Bienen roten Rosen
honigsüß ist diese Ironie
der Lichter auf der mittleren See

klein sind wir geworden
kippen über Relings Kant schon fast
in Schönheit vor dem Tode

in Schönheit
vor der Welten Spiel

Rote
Blutkirschen
verflogen
wie Schnee

Fred Schywek (*1960, Kamp-Lintfort/Niederrhein)
ist Vertreter der neueren deutschen Dichtergeneration.
Sein Werk **Kalte Stadt und Alte Lyrik (Gesammelte Gedichte 1990-1999)** wurde u.a. im **Heinrich-Heine-Geburtshaus** in Düsseldorf zur 60. Autorenlesung im März 1999, in der **Groninger Gemeindebibliothek** sowie beim **Ersten Nationalen Gedichtetag der Niederlande** (2000) vorgetragen.

Weiße Mühle (2012) ist Bestandteil von **Neun Momente (Gesammelte Gedichte 2000-2009; FS-Gesamtausgabe)** und der Folgeband von **Felsenleiter** (**wib 2010** zur **Kulturhauptstadt Europas**). Gedichte beider Bände wurden im April 2012 auch in den **USA** beim **National Poetry Month** präsentiert.